# MAMMOUTH

Francis Latreille

Texte de Bernard Buigues

Préface d'Yves Coppens

Robert Laffont

ISBN : 2-221-09262-7

*À Martine, Clémence et Laurent*

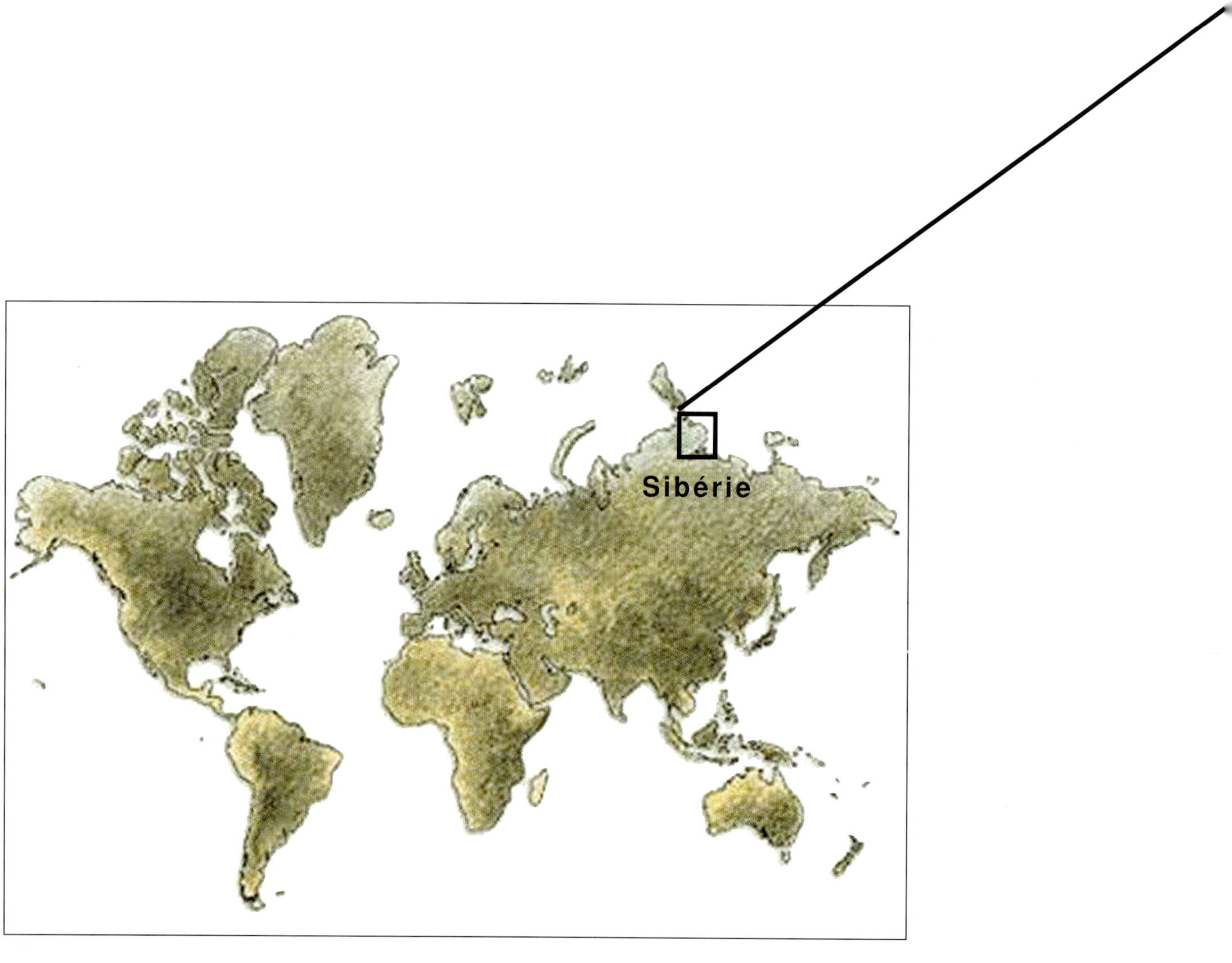
Sibérie

# Taymir, péninsule de l'Arctique

Quel cadeau merveilleux m'a fait Bernard Buigues en m'offrant il y a maintenant deux ans le parrainage de l'opération qu'il appelait *Mammuthus* ! J'avais répondu avec enthousiasme à son appel mais n'appréhendais pas les extraordinaires dimensions de l'aventure scientifique et humaine qu'il recouvrait.

Sur les rivages bretons de ma petite enfance, la Sibérie sonnait comme le nom magique d'un pays lointain, merveilleux, immense et froid, un de ces pays qui font rêver mais qui font aussi un peu peur. La Sibérie est bien tout cela, et, quarante ans après mon initiation aux grands espaces de la steppe sahélienne et du désert saharien (c'était au Tchad, en 1960), j'ai ainsi découvert ceux somptueux de la taïga et de la toundra russes (c'était au Taymir en 1999). Il n'est que d'ouvrir plus avant ce volume pour les admirer et s'en émerveiller.

Le mot mammouth résonnait lui aussi à mon esprit comme un mot de légende. J'avais rencontré cet animal, du moins ses ossements et ses dents, en Éthiopie aux côtés de Lucy, et puis au Tchad et au Maghreb, dans ses formes tropicales de millions d'années ; je l'avais vu en Dordogne, gravé, je l'avais ramassé au mont Dol, mangé dans ses habits d'hiver de milliers d'années. Nous venons de le trouver cette fois, luxe suprême pour un fossile, conservé corps et âme dans le congélateur miraculeux de ce pays décidément surprenant. Il faut dire que les idées de Bernard Buigues et leurs applications n'ont fait qu'ajouter à la magie déjà immense du grand éléphant laineux. Les images de son extraction, de son transport, de sa réintroduction dans son permafrost d'origine sans que la chaîne de sa fraîcheur se brise, racontent assez d'elles-mêmes l'extravagance de l'opération.

À pays extrême, habitants étranges ; gens du voyage, les Dolgans, qui supportent jour et nuit des températures de cauchemar, qui pêchent le saumon et domestiquent le renne, chassent aussi le mammouth dont ils ont fait un esprit aimable mais chatouilleux de leur cosmogonie. L'ethnologue se régale, comme précédemment le géographe et le paléontologue l'avaient fait, lorsque ces gens chaleureux et attachants jettent à la dérobée quelque monnaie sur le cadavre du pachyderme et sacrifient chien ou renne à la divinité qu'il incarne pour en apaiser l'humeur.

Mais l'aventure de Bernard Buigues est aussi humaine ; son chemin est semé d'amis, et c'est un bonheur d'en avoir rejoint la cohorte. L'équipe du Taymir est heureuse de vivre, d'apprendre, d'entreprendre, de partager ; elle est courageuse, ambitieuse et déterminée ; elle n'a évidemment aucune frontière d'aucune sorte. Et les images de ce beau livre reflètent tout naturellement l'ampleur des dimensions de cette amitié.

Superbe ouvrage donc, qui illustre autant l'espace que le temps, les gens de la science que les gens de la glace, le monde des mammouths que celui de leurs chasseurs. Superbe ouvrage dont le texte est certes de Bernard Buigues mais l'image de Francis Latreille, l'œil de *Mammuthus*, et quel œil !

Je salue le génie et l'obstination du premier, le talent et la sensibilité du second, et bien sûr l'amitié de tous les deux.

Yves Coppens,
Professeur au Collège de France

# DOLGANS

La fête du renne vient de s'achever à Popigay, une des quatre localités où les Dolgans célèbrent une fois par an, fin avril, le retour du soleil. Pour ce peuple nomade qui vit toute l'année dans la toundra au gré des pâturages et des lieux de chasse ou de pêche, c'est une occasion unique de se retrouver entre familles ou communautés. Rien d'étonnant alors que cette fête dure trois longs jours : trois jours de compétitions, de courses de rennes, de concours de lasso, de saut entravé, trois jours de vodka et de poisson congelé. Trois jours que j'ai eu le privilège de vivre en spectateur tour à tour ravi, émerveillé, perplexe et un peu éméché…

Ce soir, je me glisse dans cette grande pièce mal éclairée où tout le monde se bouscule pour être au premier rang. Vladimir, mon interprète, a disparu dans la cohue. J'ignore ce que je fais ici. Je ne comprends rien, ni à ce qui se passe ni à ce qui se dit. Je possède bien quelques notions de russe, mais c'est la première fois de ma vie que j'entends parler le dolgan. En trois jours, quelques visages me sont devenus familiers, mais rien de plus. Alors ? Pourquoi m'a-t-on invité ? Pour m'honorer ou parce qu'on n'ose pas me laisser dehors par - 27 °C ? Et quel est le but de cette réunion ? Je n'ai aucun indice, aucun point de repère. Dans le doute, j'essaie de gêner le moins possible, de rester discret.

## La magie d'une rencontre improbable

Petit à petit, je m'habitue à la pénombre et à la chaleur et je me sens presque à l'aise. Il y a beaucoup de monde : des jeunes, des vieux, des femmes avec leurs enfants. Seuls ceux qui ont trop bu sont laissés à l'extérieur. De temps en temps leurs cris ou leurs injures filtrent de la porte du fond. Arrivé là presque par hasard, fatigué et ivre d'images, je me laisse envahir par une torpeur béate. Je commence à être transporté dans un autre monde, dans un autre temps.

Quand Vladimir et Victor, le vétérinaire, parviennent à me rejoindre, j'apprends que la fête du renne est aussi l'occasion d'élire un nouveau représentant qui sera chargé de défendre les intérêts de la

# découvreurs de mammouths

communauté dolgane de ce district. Avant de se prononcer chacun expose ses griefs, fait part de ses espoirs et de ses souhaits, interroge le ou les candidats, mais visiblement personne n'a envie de polémiquer ni de faire traîner les choses. Tout se passe sereinement. J'ai l'impression d'assister à une pièce de théâtre incompréhensible et je finis par oublier que je fais – moi aussi – partie de la distribution. Soudain, Vladimir me pousse du coude : « Voilà une question pour toi, Bernard. Ce vieux monsieur, au troisième rang, veut savoir comment tu as pu parvenir jusqu'ici et si tu es passé clandestinement. C'est la première fois qu'il voit un étranger ici, il pensait même que c'était interdit ! »
Brusquement arraché à ma rêverie, et de la pire manière qui soit, je sens tout le monde suspendu à mes lèvres. Bien sûr je n'étais pas préparé à répondre en détail. De plus, je suis un peu mal à l'aise car je pensais que ma présence avait été annoncée et comprise. Me voilà donc parti dans un petit discours improvisé et simpliste où je leur explique que, grâce à la perestroïka, on peut maintenant circuler librement en Russie, et que je suis arrivé dans la toundra muni de papiers officiels non pas pour les espionner mais pour comprendre comment ils vivent. Très vite, je sens que mes explications ne les intéressent plus. Il semble que mes réponses leur aient apporté une information de première importance concernant ces frontières qui seraient tombées quatre ans plus tôt. Certes ils avaient entendu parler de changements politiques, mais j'en suis, en quelque sorte, la première preuve ! De petits groupes discutent en me jetant des regards obliques. Tout le monde a oublié l'élection, et je suis devenu le sujet principal de la réunion. Cela pourrait être gênant mais, au bout de quelques minutes, l'atmosphère se détend. Ils sont nombreux à s'approcher, à me toucher, à me serrer la main. Certains me désignent en riant : « Ty Fransous ». Ils sont aussi étonnés que je l'ai été ces trois derniers jours. Nous n'avons pas un mot en commun, nous vivons dans des mondes incroyablement différents, et pourtant nous voici réunis, curieux les uns des autres. C'est à cet instant très précis que je décide de revenir bientôt. La fête du renne vient de s'achever, mais les Dolgans et moi venons de faire connaissance.

*Gavril Jarkov, l'homme qui a découvert les défenses du mammouth au cours d'une partie de chasse.*

CI-DESSUS :
*À la fenêtre de son balok (maison recouverte de peau de renne et montée sur traîneau), Olga Jarkov et son fils Kostia.*

DOUBLE PAGE PRÉCÉDENTE :
*Arguish, la transhumance. Perpétuellement en mouvement, les nomades dolgans se déplacent dans la toundra. Tous les dix ou quinze jours, ils changent de site avec troupeaux et traîneaux.*

*Octobre. Dans le blizzard glacé, Piotr le chasseur part relever ses pièges.*

DOUBLE PAGE SUIVANTE :
*L'été dans la toundra. Une famille dolgan se met en quête de nouvelles zones de pêche et de chasse. Dans son berceau, Lounia, bébé de quelques semaines, découvre la vie nomade du Taymir.*

# nomades dans la toundra

Difficile de trouver des informations précises sur les Dolgans. Peut-être parce que ce peuple de formation récente intéresse moins les ethnologues que ses voisins les Nganasans ou des populations plus anciennes. L'origine du peuple dolgan remonte au XVIIe siècle, vers 1640, à l'époque où les Cosaques guerriers envahissent la Sibérie. Des paysans russes, appelés les Zatoundras – ceux qui vivent dans et au-delà de la toundra –, les suivent pour s'installer sur de nouvelles terres. Ces Zatoundras commencent à vivre avec les Evenkes et les Iakoutes, eux-mêmes chassés vers le nord par les Cosaques. L'isolement favorise le mélange des trois cultures pour donner naissance à une nouvelle entité. Ce n'est qu'à la fin du XIXe siècle que ce groupe est identifié et désigné comme Dolgan, nom très probablement fabriqué à partir de très anciens noms de famille evenkes. Le mode de vie de ce peuple est bien sûr influencé par ses différentes cultures d'origine. Il a emprunté aux Russes la fabrication et l'utilisation des baloks, aux Evenkes la confection et la décoration des vêtements et aux Iakoutes l'utilisation de l'ivoire de mammouth pour la réalisation de certains objets.

## La sédentarisation forcée a porté ses fruits

Bilingues, les Dolgans d'aujourd'hui parlent russe, mais aussi leur langue maternelle, le dolgan, langue orale qui appartient au groupe des langues turques (famille altaïque). Ils ne sont que quelques vieux à n'avoir jamais appris le russe, ni même l'alphabet cyrillique introduit à partir de 1930 par les Soviétiques quand ces derniers ont décidé de sédentariser les Dolgans et de les structurer en kolkhozes ou sovkhozes afin de les contrôler. D'après le dernier recensement effectué dans la région de Khatanga, ils sont aujourd'hui cinq mille neuf cents Dolgans, dont seulement deux cent soixante-treize vivent encore en nomades de l'élevage du renne. Organisés en cinquante-six « brigades » – petites communautés regroupant des familles ou des amis ayant des intérêts communs –, ils se déplacent essentiellement autour des régions de Popigay, de Syndaska et de Novorybnoyé. Les cinq mille six cents autres sont dorénavant installés dans les villages de Khatanga, Jdanikha, Kheta, Novaya, Kristy, Novorybnoyé, Syndaska, Sopeshnaya.

DOUBLE PAGE PRÉCÉDENTE :
*Sur son traîneau en bois de résineux, Kostia, neuf ans, joue avec un curieux jouet : les défenses du mammouth Jarkov que son père vient d'arracher à la glace.*

*Guennadi et son beau-frère Gavril rentrent au campement pliés sous le poids des cinquante kilos d'ivoire des défenses du mammouth.*

DOUBLE PAGE SUIVANTE :
*Galerie de portraits de la famille Jarkov.*

NIKE

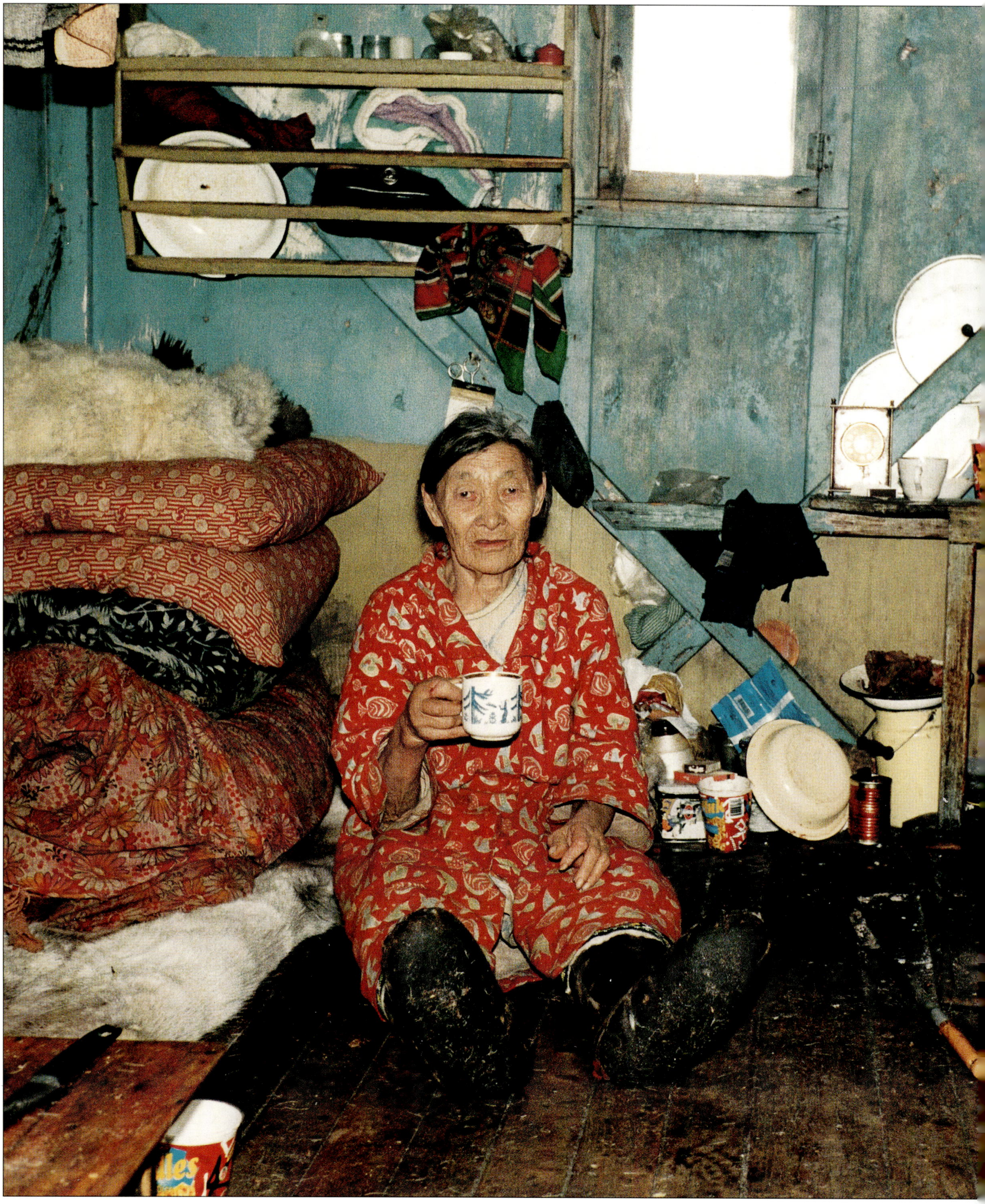

*La babouchka, la vieille mère d'Olga Jarkov, dans son balok. Près d'elle, en permanence allumé, un élément vital dans cet univers glaciaire : le poêle à bois.*

*DOUBLE PAGE PRÉCÉDENTE :*
*Fin octobre. Le soleil va définitivement se coucher, la lumière disparaître pendant plusieurs mois. À la pénombre succédera la nuit totale. Les nomades se dirigent vers de nouveaux espaces.*

*DOUBLE PAGE SUIVANTE :*
*Après une longue course de plus de trois heures à tirer le balok, qui pèse plusieurs centaines de kilos, un renne essoufflé récupère de son effort dans le froid intense.*

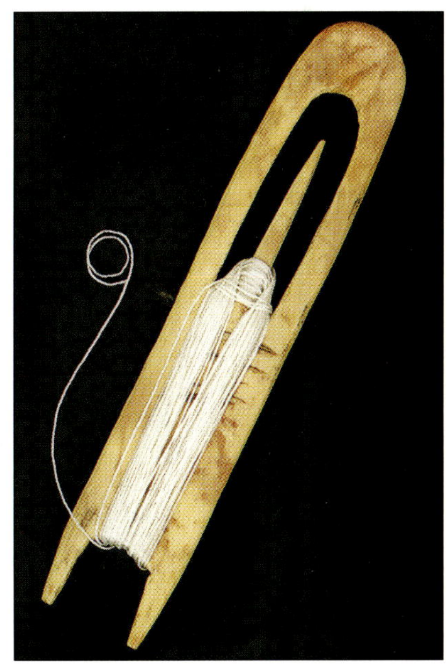

*Devant son balok, Piotr, le vieux sage de la toundra, travaille un morceau d'ivoire de mammouth. Il en façonne des pièces d'attelage, des objets usuels et des boutons de vêtements.*

*DOUBLE PAGE SUIVANTE :*
*Août dans la toundra. L'été très court est arrivé. La neige a fondu, laissant la place à une végétation spongieuse et verdoyante. Lichens, fleurs, champignons et baies composent cette flore.*

*Le renne est l'espèce la mieux adaptée à la neige en hiver et au sol spongieux en été. Chevauchant son animal leader, Oleg prend la tête de la caravane.*

CI-DESSUS :
*La vie de nomade continue, au lourd campement de l'hiver succèdent les tentes légères de l'été. Les Dolgans vont s'installer pour plusieurs semaines en bordure de lac ou de rivière, là où le poisson abonde.*

# gardiens de l'ivoire

Un jour, j'ai acheté un beau morceau d'ivoire de mammouth pour le ramener comme souvenir et je m'en suis servi avec fierté comme presse-papiers. Russes et Dolgans venaient souvent m'en proposer car, dans la péninsule de Taymir, l'ivoire de mammouth, longtemps utilisé pour fabriquer pièces d'attelage de rennes, boutons de vêtements, boucles de lasso, manches de couteaux ou cuillères, possède une grande valeur d'échange, comme les peaux de loup et de renard polaires, la viande de renne et le poisson. Il faut préciser qu'au cœur de la toundra où l'on ne trouve ni bois, ni pierre, ni métal, tout ce qui peut se travailler et se troquer devient précieux.
Longtemps, j'ai manipulé avec fascination mon presse-papiers, émerveillé de tenir entre mes mains un « vestige » de cet animal disparu. Puis j'ai appris que le cours de l'ivoire de mammouth s'envolait depuis l'interdiction du commerce de l'ivoire d'éléphant, qui incitait

Japonais et Chinois à acheter en grande quantité cette nouvelle et pourtant si ancienne matière première.
J'ai eu l'occasion de discuter de cette question avec les Dolgans et j'ai compris que les Anciens n'aiment pas ce négoce. Ils ont peur que l'on n'épuise les ressources de la toundra au nom du profit. Ici la vie est si rude qu'il est absolument indispensable de vivre en harmonie avec la Terre et de respecter ce qu'elle donne. La vie des Dolgans – officiellement chrétiens orthodoxes – est en fait organisée sur des fondements hérités

*Les Dolgans consacrent une grande partie de l'hiver à chasser le renard blanc, apprécié pour sa fourrure. Malheureusement, ce commerce très florissant à l'époque soviétique ne rapporte aujourd'hui que de faibles revenus aux chasseurs. Le renne blanc, symbole de pureté, est vénéré et parfois sacrifié lors d'un rituel ancestral.*

*PAGE DE GAUCHE : Piotr devant son balok.*

du chamanisme et des lois ancestrales qui régissent encore le quotidien malgré les multiples et brutales tentatives pour les éradiquer pendant la période stalinienne. Ainsi, mon ami Piotr Jarkov a appris à ses fils à ne jamais prendre à la terre plus que ce dont ils ont besoin. Alexei Jarkov, son frère, a longtemps insisté pour s'assurer que je ne dérogerai pas à cette règle. Mais les marchands d'ivoire d'aujourd'hui n'ont pas tous ces scrupules et le plastique remplace petit à petit les boutons et les pièces d'attelage traditionnels remarquablement gravés par les bergers pendant les longues nuits polaires. Je suis sûr que certains diront que c'est le progrès. La loi du marché atteint même le Grand Nord et dissémine à travers le monde des souvenirs du passé qui pendant des millénaires étaient restés au même endroit. Moi, j'éprouve toujours un pincement de nostalgie lorsque je contemple mon presse-papiers.

*Début septembre, non loin de Novorybnoyé, village dolgan, où l'été n'a duré que deux mois, les premières chutes de neige recouvrent les rives du fleuve Khatanga.*

DOUBLE PAGE SUIVANTE :
*Suite à la crue de la rivière, le village de Popigay, déserté depuis vingt ans, revit chaque année l'espace d'un week-end pour la fête du Soleil. Les courses de traîneaux sont les moments les plus attendus et les plus disputés.*

*Sur le terrain de jeu sans limites qu'est la toundra du Taymir, Kostia, l'enfant dolgan, joue avec le troupeau familial.*

*CI-DESSUS :*
*À Popigay, aux courses de traîneaux succèdent les courses de rennes montés par les cavaliers dolgans, experts dans l'art de ces chevauchées enneigées.*

*Sous la lumière dorée de l'automne, emmitouflée dans son manteau brodé, Olga part chercher du bois pour préparer le repas.*

DOUBLE PAGE SUIVANTE :
*Dans le cimetière dolgan de Kresty, en amont de Khatanga, le renne, présent tout le long de la vie du Dolgan, l'accompagne jusque dans son dernier repos. Traditionnellement, des bois de renne sont accrochés aux sépultures.*

*Huit portraits de Dolgans réunis à Popigay pour la fête du Soleil.*

*DOUBLE PAGE SUIVANTE :*
*Sur la branche d'un résineux, le renne frotte ses bois avant d'être attelé au traîneau.*

# l'humanité dans le désert

Les premiers Dolgans que le voyageur rencontre en Sibérie sont les Dolgans des villes. Il y en a toujours autour de l'aéroport de Khatanga, prêts à partir avec le premier hélicoptère. Les approcher n'est pas facile, car ils trompent leur attente en abusant de la vodka, et ressemblent aux clochards de nos grandes métropoles. Ils viennent vers vous quémander une cigarette ou vous vendre une peau de renard, histoire d'obtenir de quoi se réapprovisionner en alcool. Les Russes les traitent comme des enfants, tantôt leur parlant gentiment, tantôt les rudoyant comme s'ils venaient de commettre le pire des crimes. Pendant longtemps j'ai fait comme les Russes, j'ai gardé mes distances.
Il m'a fallu du temps pour apprendre qu'il y avait aussi les Dolgans de la toundra. C'est Vladimir Eisner, mon interprète à Khatanga, qui petit à petit a réussi à aiguiser ma curiosité. C'est lui qui m'a donné l'envie de partir à leur rencontre. Dans la toundra ces bergers nomades vivent avec leurs troupeaux de rennes hors du temps présent dans des conditions inimaginables.

## Vivre comme on vivait il y a cinq cents ans est une chose, vivre dans cet univers gelé dix mois par an en est une autre

Résister à des températures qui peuvent descendre en dessous de - 60 °C, passer plus de trois mois par an dans la nuit totale, sans électricité, avec pour unique source de chauffage un petit poêle à bois, dépenser autant d'énergie juste pour survivre ! Il serait si simple de baisser les bras, de choisir le confort, de transiger avec les traditions, bref d'aller s'installer en ville comme les autres… Au début, j'étais fasciné par eux comme on peut l'être par les « bons sauvages ». Fasciné, ou plutôt intrigué. Que peut-il rester d'humain quand on passe tout son temps à se battre pour assurer le lendemain ? Je croyais encore, à l'époque, que savoir se dégager des contingences matérielles est ce qui distingue l'humain de l'animal, alors qu'être contraint de consacrer tout son temps à la lutte pour survivre l'en rapproche. Les Dolgans de la toundra m'ont montré exactement l'inverse, me livrant par là même une belle leçon de vie.

*Fin août, le renne perd le duvet qui recouvre ses bois depuis le printemps.*

# TAYMIR

La première fois que j'ai posé le pied au Taymir, je n'avais qu'une hâte : en partir, continuer mon voyage vers les Terres du Nord, au nord, toujours plus au nord. Aller par les chemins les plus courts vers l'archipel François-Joseph et toutes les petites îles qui se perdent dans le bassin arctique, vers un univers excessif et grandiose. Quand il fait froid, il fait vraiment très froid. Quand il fait nuit, la nuit dure cinq mois. Quand il fait jour, le soleil reste à l'horizon vingt-quatre heures sur vingt-quatre. J'aspirais à découvrir cet univers réellement sauvage et vierge, à deux encablures du pôle Nord, là où il n'y a presque plus de trace de vie humaine. Dans le Grand Nord arctique, les hommes n'ont pas pu modeler la nature. Pendant la période soviétique, ils ont bien essayé, ils ont même dû croire un temps qu'ils y étaient parvenus. Avec des moyens et des efforts gigantesques, ils ont ouvert des bases polaires ou militaires, mais depuis la perestroïka l'argent manque et ces bases ferment les unes après les autres. Les hommes partent, laissant derrière eux une nature toute-puissante. C'est de cela que je voulais être le témoin.
Khatanga est en quelque sorte la porte d'entrée de cet univers arctique, un point de passage obligé pour qui veut l'explorer. C'est de là que partent les hélicoptères vers le Grand Nord. Alors, même sans m'en rendre compte, petit à petit, je me suis intéressé à cette ville, à ses habitants et finalement à cette presqu'île dont Khatanga est la capitale. Cette région est située au nord du 72e parallèle. C'est la partie la plus septentrionale de la presqu'île Taymir et du continent eurasien. Un territoire aussi grand que la France mais à peine peuplé de dix mille habitants répartis dans quelques villages qui bordent la rivière Khatanga. Ces villageois et une poignée de nomades exceptés, il ne s'y trouve personne. Nous sommes au royaume du loup arctique, du renard polaire, du bœuf musqué et du renne sauvage. Au-dessus de la petite forêt primaire d'Ari-Mas, la forêt la plus au nord du monde, plus un arbre, plus de végétation apparente. C'est un véritable désert, un paysage vallonné et monotone. Pourtant, les Dolgans et les chasseurs de Khatanga me parlaient tous de la beauté de la toundra. Je pensais qu'ils la jugeaient belle parce

# péninsule de l'Arctique

qu'ils n'avaient pas vu grand-chose d'autre. Peut-être y avait-il un mystère qui m'échappait… quelque chose qu'ils voyaient et que moi je ne voyais pas. Je n'ai compris que plus tard.
Au Taymir, tout le monde parle du romantisme du Nord. Dans les années soixante, dès que les « travailleurs » des goulags eurent réalisé la partie la plus difficile et la plus dangereuse des infrastructures, le pouvoir soviétique rechercha de la main-d'œuvre qualifiée pour exploiter cette région. Une vaste campagne de propagande faite de films, de chansons et de mots d'ordre « à la gloire du Progrès au Service de l'Homme » poussa des milliers de techniciens, d'ingénieurs, de chercheurs à s'engager dans ce qui devait être la preuve que le socialisme soviétique pouvait s'affranchir des lois naturelles et de leurs limites.

## Romantiques et fous du Grand Nord

Des années après, beaucoup sont repartis vers le sud plus clément ; malgré la débâcle économique, certains sont restés. Ils ont oublié depuis longtemps les salaires et les avantages qu'on leur avait fait miroiter, mais la fascination pour le Grand Nord et le désir d'échapper au poids d'une société qu'ils jugent sclérosée les ont maintenus ici, où ils ont fondé une famille. Loin du monde, préservés par l'éloignement et l'isolement (ce territoire était une zone militaire, protégée et secrète), ils ont arrêté l'horloge du temps sur les années soixante ; voilà pour le côté romantique. Quant à la folie… Souvent les gens d'ici parlent de leur précieuse liberté. Au début, j'estimais que c'était une bien curieuse liberté que d'être coincé ici des mois et des mois, de ne plus pouvoir se déplacer car les transports aériens sont trop chers, d'être tributaire des rares approvisionnements, de penser jour après jour à ce que l'on va manger demain. C'est oublier qu'aux portes de Khatanga la toundra offre à celui qui la connaît la possibilité d'échapper à la logique du monde moderne, de se sentir maître de son destin. D'ailleurs, je rencontre en Sibérie beaucoup de gens qui aimeraient visiter Paris, mais pour rien au monde ils ne souhaiteraient vivre ailleurs qu'ici.

*L'hélicoptère russe MI 8 est l'engin le mieux adapté aux longues distances. Chargé de cinq tonnes de fret, il sert de camion, d'autobus et d'ambulance à tous les habitants de la toundra.*

*DOUBLE PAGE PRÉCÉDENTE* :
*Véritable perle au cœur du Taymir, l'un des milliers de lacs gelés qui sont autant de réserves de poissons et de sanctuaires d'oiseaux migrateurs.*

*DOUBLE PAGE SUIVANTE* :
*Un campement s'est installé sur la rive du lac Toursoun. La pêche aux kumzhas (saumons) est la principale activité en cette saison d'été.*

*Près de Bikada, le pêcheur fait sécher son poisson et le chasseur sa viande au vent de la toundra.*

*En été polaire, c'est dans les rivières et les lacs, au milieu de l'herbe verdoyante dont se nourrissaient les mammouths, que Bernard Buigues effectue ses recherches.*

*L'analyse des lamelles visibles sur la molaire du mammouth donne l'âge de l'animal au moment de sa mort.*

CI-DESSUS :
*Bernard Buigues et Yves Coppens découvrent sur les bords du lac Mungurdach un crâne de mammouth de 150 kilos.*

*Vladimir s'intéresse à une molaire du mammouth pour déterminer son âge : il avait quarante-trois ans. Sorte de livret de santé, les dents révéleront de nombreux secrets de la vie de Jarkov…*

*Sur le pont du brise-glace le Sozidatelny, Boris le chasseur, Bernard Buigues et Nicolas, son assistant, reconstituent une partie du squelette d'un mammouth trouvé sur le site de Markel, l'une de nos cinq zones de recherche.*

*La colonne vertébrale intégralement reconstituée est mesurée par Bernard Buigues et ses deux collaborateurs russes Boris et Vladimir.*

*DOUBLE PAGE SUIVANTE :*
*De retour d'une mission de ravitaillement, l'hélicoptère MI 8 atterrit dans un nuage de neige.*

# les mammouths dorment

J'ai mis longtemps à réaliser que, si l'on trouvait aussi facilement des défenses de mammouths dans le Taymir, on devait pouvoir trouver aussi des os, voire des squelettes complets. Je ne suis pas paléontologue, mais cette idée a provoqué en moi une excitation proche de celle que je ressentais quand, enfant, je m'inventais un nouveau jeu. Or, pour cette chasse au trésor d'un nouveau genre, les règles étaient particulièrement difficiles. En premier lieu, le temps m'était compté ; ensuite, il me fallait apprendre la patience. Pendant les huit mois d'hiver, la toundra est entièrement recouverte de glace et de neige. On ne peut absolument rien y faire. Sous la neige, la terre est gelée sur plusieurs centaines de mètres de profondeur : c'est le permafrost. Il faut attendre la fin du mois de juin, la fonte des glaces et du permafrost en surface.

## L'été, une brève explosion de vie

Les rennes, les oies de bernache à cou roux, les mouettes, les canards reviennent ici par milliers pour se reproduire. C'est l'époque où les animaux changent de couleur et celle où la toundra se révèle dans son incroyable diversité. Et c'est surtout pour moi le seul moment où, sous l'effet de l'érosion et de la chaleur, le permafrost peut libérer ce qu'il a maintenu congelé pendant plusieurs milliers d'années. Il suffit de quelques centimètres de permafrost fondu pour qu'apparaissent des trésors inouïs, vestiges des temps préhistoriques. Il faut agir vite et surtout ne pas se tromper d'endroit. Il faut chercher en coopération avec les Dolgans et les trappeurs de la région toutes les traces de fossiles repérées au cours de leurs errances des années précédentes. Il faut aussi se fier au bon sens, pour deviner quels emplacements sont les plus intéressants : autour des lacs, où les mammouths venaient boire ; sur les berges de certaines rivières qui, sous l'effet de la fonte des glaces et de l'érosion des eaux, libèrent parfois des pièces magnifiques. Le problème est d'être là au moment où cela se produit. Avoir de la chance, assez de chance pour trouver une défense de trois mètres de long dans un territoire plus grand que la France, alors qu'on ne dispose que de quelques courtes semaines pour chercher… Pendant quelques saisons, j'ai ainsi erré de juin à juillet au hasard dans la toundra. Bien sûr je revenais bredouille, mais la nature était si belle que je ne regrettais rien. J'avais fini par croire que ces mammouths qui hantent l'imaginaire, l'artisanat et les légendes du Grand Nord jouaient l'Arlésienne. Aussi, le jour où Nicolai Faukin, le gouverneur de Khatanga, m'a demandé pourquoi je ne m'intéressais pas à leurs mammouths, je lui ai répondu en riant que des mammouths, ici, si on

en parlait beaucoup, on n'en voyait jamais. Piqué au vif, il a répliqué : « Moi, je sais où il y en a un ; si tu veux, tu pourras même ramener un poil ! » Il était si sûr de lui que cela m'avait troublé. Il proposait même de partir tout de suite, mais il était trop tard, l'hiver était déjà là et il me faudrait attendre presque un an pour vérifier ses dires. De retour en France, je n'ai pas réussi à m'ôter cette idée de la tête. Nicolaï n'avait pas pu inventer toute cette histoire. Il fallait que j'en apprenne plus, que je retrouve ceux qui étaient à l'origine de la découverte. Mais je savais déjà que seuls les Dolgans avaient pu lui donner ce type d'information. Les pêcheurs et les trappeurs se gardent bien de partager leurs trouvailles. Il fallait enquêter du côté de Novorybnoyé. Vladimir, mon interprète, guide et ami, connaît bien Ledvokim Assendou, le coordonnateur des éleveurs de rennes de ce petit village. S'il n'avait pas entendu parler de cette histoire de poils, en revanche il connaissait une famille qui avait déterré un an plus tôt une magnifique paire de défenses. Cette fois, je ne partais pas à l'aveuglette.

*Sur la glace du fleuve Khatanga, un pêcheur attend patiemment la grosse prise. Il fait - 32 °C…*

DOUBLE PAGE SUIVANTE :
*Contemporains des mammouths, les bœufs musqués avaient totalement disparu de l'Arctique sibérien. Réintroduits il y a vingt-cinq ans, venus d'Alaska et du Grand Nord canadien, ils sont aujourd'hui mille six cents à paître dans la réserve de Bikada.*

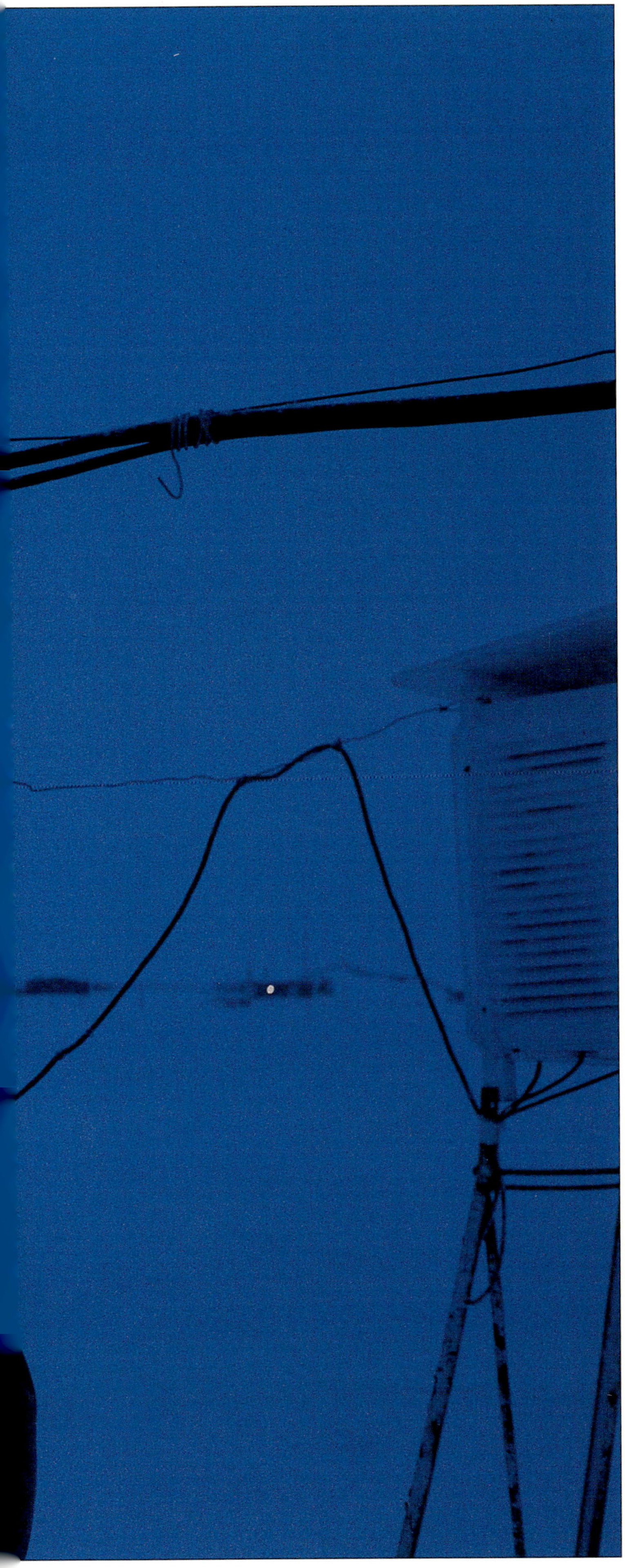

*Au cap Tcheliouskine, la pointe extrême de l'Arctique russe, Micha, le météorologue, procède au relevé quotidien de ses données : vitesse du vent, pression atmosphérique, température…*

CI-DESSUS :
*Dès la fin du mois de mars, dans le port de Khatanga, l'équipe technique du brise-glace le Sozidatelny découpe la glace qui compresse la coque du bateau pour en libérer l'hélice.*

*Imposant gardien de ces lieux glacés, le Rossia, le plus gros brise-glace du monde à propulsion nucléaire d'une puissance de soixante-douze mille chevaux, ouvre la route de l'océan Arctique au convoi de cargos dans le passage du Nord-Est.*

DOUBLE PAGE SUIVANTE :
*À Sindasko, sur les bords du fleuve, une cabane de pêcheurs abrite les amateurs de riapouchkas (poissons séchés), délice des gourmets sibériens.*

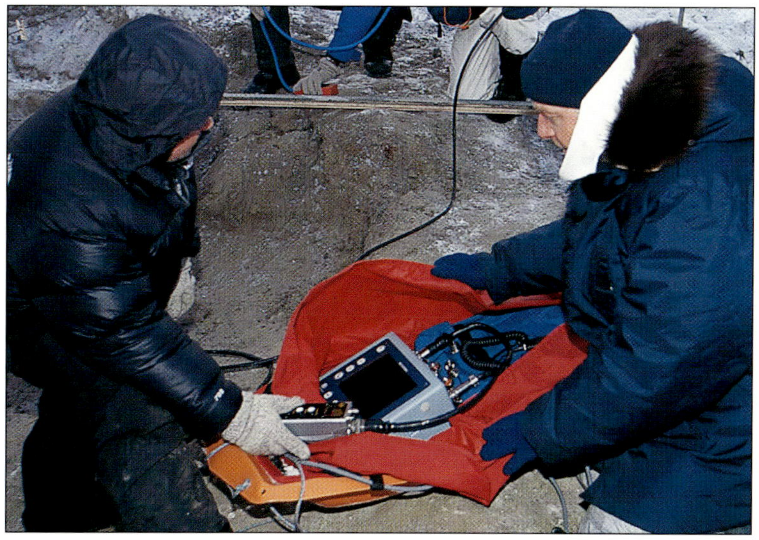

*Sur la piste du mammouth, Per Wikström sonde la surface glacée de la toundra avec son radar. Plus tard (ci-dessus), il analyse avec Bernard Buigues l'écho d'un squelette sur l'écran de contrôle.*

*DOUBLE PAGE SUIVANTE :*
*Sur le site de Bolshaya Balakhnya. Sous le soleil de minuit, Bernard Buigues admire les deux défenses du mammouth Jarkov.*

# BOLSHAYA BALAKHNYA

C'est ainsi que, après quarante minutes d'hélicoptère, Vladimir et moi atterrissons au milieu de nulle part, à côté de deux baloks, à la grande surprise de quelques chiens, de dizaines de rennes, et des six personnes qui vivent au cœur de cet immense désert. Ce sont les Jarkov. Oui, ils ont bien trouvé des défenses. Oui, ils veulent bien nous montrer à quel endroit mais surtout ils veulent les vendre. Ils ont prévu d'aller en Iakoutie pour en tirer un meilleur profit ! Bientôt ce sera la saison de la chasse et ils auront besoin de munitions, d'essence pour les bouranes, les motoneiges russes. Ils ont besoin de thé, de sucre, de farine, de bonbons, de tissu, d'une machine à coudre, d'une nouvelle radio HF (la leur ne fonctionne plus depuis des années). La liste s'allonge au fur et à mesure qu'ils se rendent compte de mon intérêt. Une question me brûle la langue depuis mon arrivée, mais j'attends le bon moment. Au risque de dévoiler mon jeu, je finis par leur demander s'ils ont trouvé des poils. Des poils ? Oui, des poils ils en ont vu, mais surtout ça sentait fort. Pas mauvais, fort, me dit Gavril en faisant la grimace. Je n'en crois pas mes oreilles. La liste peut s'allonger encore, peu m'importe.

## Une seule chose compte désormais, je veux aller sur le site, le plus vite possible

Les Jarkov, eux, ne sont pas si pressés. Ils veulent d'abord écrire la fameuse et longue liste. Prudente et méticuleuse, Olga Jarkov a déniché une feuille de papier sur laquelle elle inscrit tout ce qui a été dit et réfléchit encore pour ne rien oublier. Elle ajoute de l'argent car, dit-elle, l'année prochaine, Kostia, son petit garçon de neuf ans, devra aller à l'école et cela entraînera des frais importants. Va pour l'argent. Elle veut aussi un bourane neuf pour se déplacer plus facilement. Je n'arrive plus à suivre, ni à calculer combien tout cela va me coûter mais la curiosité l'emporte. Il est clair qu'Olga exagère, et en même temps nous savons tous que c'est le seul moyen d'avoir accès à ce que je cherche. Je n'ai pas le choix. Je négocie à la baisse, pour la forme. Après tout, ils ont besoin de ce qu'ils demandent et, s'ils ont trouvé ce qui pourrait bien être une carcasse momifiée de mammouth, il n'y a pas de raison pour qu'ils n'en tirent pas avantage. Les pilotes de l'hélicoptère commencent à s'énerver. Je leur avais dit

# le mausolée du mammouth

*Les membres de la famille Jarkov expliquent à Bernard Buigues la position exacte des défenses au moment de leur découverte.*

qu'ils auraient au maximum une heure à m'attendre et il paraît que je suis là depuis trois heures. Il fait - 38 °C, tout se refroidit à une vitesse vertigineuse et si l'on s'attarde trop l'appareil ne pourra pas redécoller. De toute façon, maintenant que le marché est conclu, je suis impatient de retourner à Khatanga pour préparer une expédition. Sur le chemin du retour la tête me tourne ; des poils, des défenses magnifiques, l'odeur de mammouth, les kilos de sucre et de farine, les litres d'essence et la machine à coudre, le bourane et les bonbons… je ne sais pas dans quoi je me lance mais je sens que j'ai mis le doigt dans un engrenage. Pourvu simplement que ce soit le bon.

Anatoly Androsov, l'indispensable « Géo Trouve-tout » de mes expéditions, nous attend sur la piste. « Tu es parti longtemps, tu as eu un problème ? »

« Oui, je viens d'attraper le virus du mammouth. Trouve-moi d'abord tout ce qu'il y a sur cette liste. Et après, le plus rapidement possible, nous organiserons un camp dans la toundra, dans la région de Bolshaya Balakhnya. »

*Briefing près du campement.
Yuri Burlakov, géologue, précise
à Bernard Buigues et à Simeon
la nature des sédiments
constituant le permafrost.*

DOUBLE PAGE PRÉCÉDENTE :
*Vladimir, Nicolaï et Boris rentrent
au campement. Le soleil se couche,
laissant apparaître un parhélie,
ce phénomène lumineux qui,
par réfraction sur les particules
glacées de l'atmosphère,
multiplie les soleils.*

*De l'hélicoptère ravitailleur, Vladimir et Dimitri déchargent les bidons de kérosène, énergie nécessaire pour alimenter générateurs et compresseurs.*

DOUBLE PAGE SUIVANTE :
*Au crépuscule, Bernard Buigues, Vladimir et Fiodor creusent à la pioche les tranchées autour du bloc et en évacuent les gravats.*

# un camp dans la toundra

Cela fait bientôt dix ans que nous organisons des expéditions au pôle Nord et nous connaissons parfaitement toute la logistique. Alors, un camp dans la toundra en été, ce n'est pas difficile du tout. En revanche, il importe de crédibiliser l'entreprise car les Japonais sont déjà venus dans la région dans les années quatre-vingt-dix sans rien trouver. Anatoly me demande d'être prudent, de bien réfléchir avant de m'engager et de ne pas dépenser trop d'argent. Mais il est trop tard. C'est décidé, j'irai jusqu'au bout, c'est plus fort que moi. Il faut simplement ne pas se tromper sur les hommes, sélectionner les meilleurs et les plus passionnés. Très vite, l'équipe de base est fixée : Vladimir Eisner, mon interprète, Boris Lebedev, chasseur-trappeur amoureux fou de la toundra, Fiodor, aventurier enthousiaste, et Nicolaï, un excellent mécanicien, qui se moque du mammouth mais a grand besoin d'argent. L'objectif est clair pour tout le monde : d'abord sonder le terrain pour savoir si sous les défenses se trouve encore un mammouth. Ensuite, dans l'affirmative, le sortir de terre et l'apporter à Khatanga, à trois cents kilomètres. « Comment ? » se risque Nicolaï. Bonne question. À vrai dire je n'en sais rien. On verra plus tard, quand les autres questions seront réglées.

On a frôlé l'incident diplomatique… Une expédition un peu scientifique ne peut être organisée sans en référer au directeur de la réserve naturelle, Jury Korbaïnov. Or il a entendu parler de notre projet avant que je ne lui en parle moi-même, et, comme il est vexé, il n'est pas d'accord. Lui vivant, je ne ferai jamais cette expédition, m'explique-t-il. « Il faudra me passer sur le corps pour pouvoir continuer, et ensuite sur celui de mon fils, puis de mon petit-fils… » Je le laisse parler, s'énerver et se fatiguer sur le sujet, et parviens petit à petit à le convaincre de l'intérêt de monter une expédition franco-russe grâce à son aide immense et à l'efficacité de ses services. Les obstacles se lèvent au fur et à mesure, mais je reviens de loin. Sans m'en rendre compte, je marchais sur le fil d'un rasoir et les difficultés n'étaient pas là où je les attendais. Bonne leçon.

## Et arrive enfin le 23 mai 1998

L'hélicoptère est plein à craquer, tout le monde est prêt à partir. Une dernière fois, on vérifie les détails, on refait le tour des équipements et des provisions. Chacun est responsable d'une partie du chargement. Vladimir a promis de s'occuper des réserves de vodka. Mais une fois en vol, je m'aperçois qu'il n'a prévu pour les quatorze membres de l'expédition que trois ridicules petites bouteilles. Et aucun ravitaillement ne sera possible avant quinze jours ! Quand nous retrouverons les Jarkov, ils ne croiront jamais que nous n'avons rien à leur offrir. Je m'énerve, je râle, jusqu'au moment où Vladimir, un peu agacé, me propose une solution. Puisque je pense qu'il n'y aura de toute façon pas assez de vodka, autant tout boire tout de suite et passer à autre chose. Après tout il a raison, il faut bien fêter la mise en place de la base. Nous buvons donc pour célébrer ce qui sera sans doute une des premières expéditions polaires sans vodka. Je ne sais pas si nous serons capables de conjurer les esprits. Pourtant nous aurons besoin d'eux.

*Bernard Buigues, Anatoly Androsov « Géo Trouve-tout » et Vladimir Eisner.*

*Près du bloc, véritable mausolée, Bernard Buigues donne des ordres à ses équipiers russes Gamet et Nicolaï.*

DOUBLE PAGE PRÉCÉDENTE :
*Malgré les mauvaises conditions climatiques, le travail sur le chantier continue. Boris et Gamet se relaient au marteau piqueur dans la tranchée.*

*Sur le chantier, Gamet évacue les gravats, autour du bloc.*

DOUBLE PAGE SUIVANTE :
*Vue aérienne du campement. Les cinq tentes dortoirs entourent la grande tente mess, point de rencontre et de repas de l'équipe.*

*Plat principal : le renne. Soupe de renne le matin, soupe de renne le midi, et soupe de renne le soir ! Vladimir, le cuisinier, découpe à la hache le morceau de son choix sur une carcasse naturellement congelée.*

CI-DESSUS :
*Pour améliorer la monotonie des repas, un mets de choix, le stroganina, copeaux de poisson congelé salés et poivrés que Boris prépare avec grand soin.*

*Tous à table ! L'équipe russe déjeune d'une soupe de renne. Nicolaï, Gamet, Boris, Vladimir, Dimitri et Bernard Buigues (de gauche à droite).*

*Dans la tente mess, les tasses sèchent près d'un somptueux cadeau de Piotr : une peau de loup arctique.*

*La mission principale de Vladimir le cuisinier : faire de l'eau. Après avoir percé dans la glace de la rivière un trou qu'il protège par une peau de caribou fraîchement abattu, Vladimir remplit ses seaux et revient vers le camp.*

*DOUBLE PAGE SUIVANTE :*
*Crépuscule sur le camp. Boris devise avec Simeon et Gavril, ses amis dolgans venus en voisins*

*La tempête souffle sur la toundra. Près des drapeaux russe et français, Bernard Buigues affronte les rafales.*

CI-DESSUS :
*Après la tempête, le vent tombé, Dimitri constate les dégâts : toiles de tentes envolées ou déchirées, arceaux et armatures givrés et cassés.*

# le mammouth et le sèche-cheveux

À Bolshaya Balakhnya, nous montons les tentes par - 10 °C, mais il n'y a pas de vent et le soleil est au rendez-vous. Il fait beau, il fait même chaud. C'est un des meilleurs moments de ma vie. Le camp est en place, la radio fonctionne, l'équipe est excitée. Le mammouth est peut-être là, à vingt mètres du camp. Nous avons du temps devant nous. Je me sens serein, et heureux. Mais, alors que les jours passent, la fatigue et le doute gagnent du terrain. Je tourne en rond dans la tente. Dix jours, cela fait dix jours que nous creusons doucement autour des défenses du mammouth et nous n'avons toujours rien trouvé, à part une petite mèche de poils dont d'ailleurs rien ne dit que ce sont des poils de mammouth. Le découragement me guette. En plus, depuis trois jours, impossible de mettre le nez dehors tellement le vent souffle fort. La tente mess s'est déchirée, celle des Russes s'est envolée, le chien de Boris s'est perdu dans la tempête. Toute l'équipe en a assez et l'inconfort aggrave la morosité. Plus je réfléchis et plus il m'apparaît évident que c'est sans espoir. S'il y a quelque chose, on n'arrivera pas à le localiser. Et même si on arrive à le localiser, on ne pourra pas le sortir tellement ce permafrost est compact et résiste à nos outils. Quelle galère ! L'inactivité me rend fou, il faut que je m'occupe. Tout d'un coup j'ai une idée. Puisque les pioches cassent les unes après les autres, puisqu'on ne peut pas travailler à l'extérieur tellement le vent est violent, je vais me faufiler sous la bâche qui protège le chantier et essayer de faire fondre le permafrost avec le sèche-cheveux qui nous sert à réchauffer le matériel électronique. Je ne vois rien d'autre à tenter.

Mes compagnons de toundra rient dans leur barbe quand ils comprennent ce que je projette. Au moins ça leur change les idées ! Des heures et des heures passent. À intervalles réguliers, je suis obligé de sortir de ma niche pour alimenter le groupe électrogène et boire un café. Je sens que je suis sur une bonne piste. Au lieu d'attaquer le permafrost de front en cherchant des outils plus durs que lui, je le réchauffe pour l'affaiblir. Jamais je n'avais manifesté autant de patience et de détermination dans une tâche. J'en oublie le temps, j'en oublie de manger. Les autres n'en reviennent pas. Ils passent régulièrement vérifier que je suis toujours en vie. Une odeur bizarre se dégage du sol. Je suis peut-être sur le dos du mammouth. Je me laisse aller à rêver pendant que le sèche-cheveux continue à faire son travail et, soudain, je me retrouve avec dans la main une mèche de poils extraordinaire, blond châtain, un peu roux, un peu cendré par endroits. C'est absolument magique. J'ai gagné. Il y a bien un mammouth sous la glace ! L'équipe va regagner la confiance qu'elle commençait à perdre. Subitement j'ai très faim et très sommeil. Je décide d'interrompre les travaux pour quelques heures.

C'est l'odeur du mammouth qui réveille mes compagnons ! Sous la tente, je suis accueilli par des grognements. Un à un, ils émergent des sacs de couchage en grommelant : « Qu'est-ce que tu sens mauvais ! »
« Alors ? demande Boris. Il y a du mammouth là-dessous ? »
« Donne-moi d'abord à manger et je te montre après. »
L'agitation gagne le camp. Boris en profite pour m'asséner la mauvaise nouvelle : il ne nous reste plus que deux jours de vivres, plus de sucre, plus de viande, plus de pain, bref, plus rien, sauf de la purée et des conserves de viande russe absolument immangeables. Autant dire qu'il va bientôt falloir lever le camp. Je dois donc changer mes plans ainsi que la technique d'excavation. En attendant que la tempête se calme et qu'un hélicoptère vienne nous chercher, tout le monde veut voir, tout le monde veut toucher la fourrure, tout le monde veut jouer du sèche-cheveux. Nous ressemblons à des gamins qui auraient mis la main sur un trésor inestimable.

*Les éclats de glace volent. Fiodor, à la pioche, arrache centimètre par centimètre les morceaux de terre gelée*

*Bernard Buigues sort de son abri de fortune avec un morceau de chair et de poils de mammouth*

*C'est à l'aide d'un sèche-cheveux que Bernard Buigues déshydrate le permafrost et dégage ainsi la fourrure du mammouth.*

*CI-DESSUS :*
*Le mammouth laineux était couvert d'une fourrure dont les poils pouvaient mesurer jusqu'à un mètre.*

*DOUBLE PAGE SUIVANTE :*
*Bernard Buigues dégage de la glace les premiers poils du mammouth prisonnier de cet univers gelé depuis plus de vingt mille ans.*

WWW.POLARCIRCLE.COM

*Dernier effort pour Boris et Fiodor : le mammouth est enfin libéré de son linceul de permafrost.*

*DOUBLE PAGE SUIVANTE :*
*Dans des conditions extrêmes, Nicolaï évacue la neige soufflée par le blizzard.*

# Jarkov et son linceul de glace

Nous avons fini par déterrer le crâne de l'animal. Malheureusement les Jarkov en ont cassé la partie supérieure pour sortir les défenses. Guennadi comprend qu'il a fait une bêtise, il est désolé. Olga, sa femme, me suggère avec candeur de recoller les morceaux avec de la colle américaine. « C'est magique », affirme-t-elle, confiante. Pour eux, tout ce qui est étranger est de bonne qualité. Bref, même si tout n'est pas parfait, nous avons bien avancé. Nous avons un crâne – en morceaux certes, mais nous l'avons –, les défenses et une partie du magnifique pelage de l'animal ; et nous avons même repéré la position du corps grâce à un sondage géophysique de surface.

Une conversation avec le professeur Yves Coppens donne un nouvel éclairage à la mission : selon lui, il est aussi important de préserver l'environnement immédiat de l'animal que l'animal lui-même. Il faudrait pouvoir étudier la glace autour du corps. Ce qui l'entourait (pollens, micro-organismes, feuilles ou parasites divers, par exemple) pourrait en effet nous aider à comprendre non seulement pourquoi et quand notre mammouth est mort, mais aussi pour quelle raison l'espèce entière a disparu alors qu'elle semblait si bien adaptée. Yves Coppens suggère donc d'emporter l'animal dans sa gangue de permafrost et de mettre le tout à l'abri. Dans un sens, cette recommandation m'arrange bien car elle facilite l'excavation. D'un autre côté, un rapide calcul de la masse de ce bloc donne entre vingt et trente tonnes suivant la densité du permafrost qui varie de 1,5 à 2,8 tonnes au mètre cube. Cela va être difficile de trouver un hélicoptère capable de soulever une telle charge ! Pour le moment il s'agit de finir de creuser l'excavation avant le début de la nuit polaire. Ici, chaque heure compte vraiment. D'abord parce que travailler dans ces conditions extrêmes c'est accepter que tout se fasse plus lentement et que les gestes les plus simples soient souvent à répéter plusieurs fois. Ensuite parce que, dès que la température baisse encore de quelques degrés, le permafrost de surface durcit à nouveau. À ce rythme-là, en quelques jours notre mammouth redeviendra

totalement inaccessible... jusqu'à l'été prochain. Pas question donc de relâcher la pression, au contraire. Mon équipe s'est enrichie de nouveaux chasseurs de mammouths : Gamet, un deuxième Vladimir, puis un troisième, un Alexandre, un Dimitri, le fils de Vladimir Eisner, tous déterminés à en finir cette année avec ce chantier. Par tous les moyens, disent-ils, bien conscients, pourtant, que nous n'en avons pas beaucoup, et qu'il nous faudra aussi de la chance, et encore de la chance.
Avec Anatoly, tout a été bien préparé, nous disposons même de dynamite pour dégager un espace suffisant autour du bloc au cas où les marteaux piqueurs n'y parviendraient pas. Cette fois-ci je n'ai pas confié à Vladimir l'achat de la vodka. Il ne manque donc rien, absolument rien.
Tout est sous contrôle. Ou presque. Bien entendu le groupe électrogène ne démarre pas du premier coup. Ensuite, nous nous apercevons qu'il n'est pas assez puissant pour les besoins des marteaux piqueurs. Il faut en faire apporter un second, qui pèse plus de 1,2 tonne. Mais au bout d'une semaine nous sommes enfin opérationnels, bien que les marteaux piqueurs se bloquent encore toutes les dix minutes. Le froid. Toutes les dix minutes l'engin s'arrête, il faut le démonter, le réchauffer, le remonter... C'est frustrant et même parfois désespérant mais, en définitive, cela permet de souffler un peu. Les équipes commencent tôt le matin et se relaient jusque tard dans la soirée. C'est impressionnant et émouvant de voir jour après jour apparaître ce bloc que tout le monde appelle le mammouth... Petit à petit cet espace ressemble à un mausolée. Nous nous y rendons avec un certain respect qui s'impose de lui-même.

*Sous le bloc contenant les restes du mammouth, une surprise attend les scientifiques : dans la terre gelée apparaissent des plantes âgées de plus de vingt mille ans. Le mammouth Jarkov est mort dans un lac.*

DOUBLE PAGE PRÉCÉDENTE :
*Fin octobre 1998, plus que quatre heures de lumière par jour. L'hiver polaire est là, la neige tombe déjà, le chantier s'arrête. Il ne reprendra qu'au printemps suivant.*

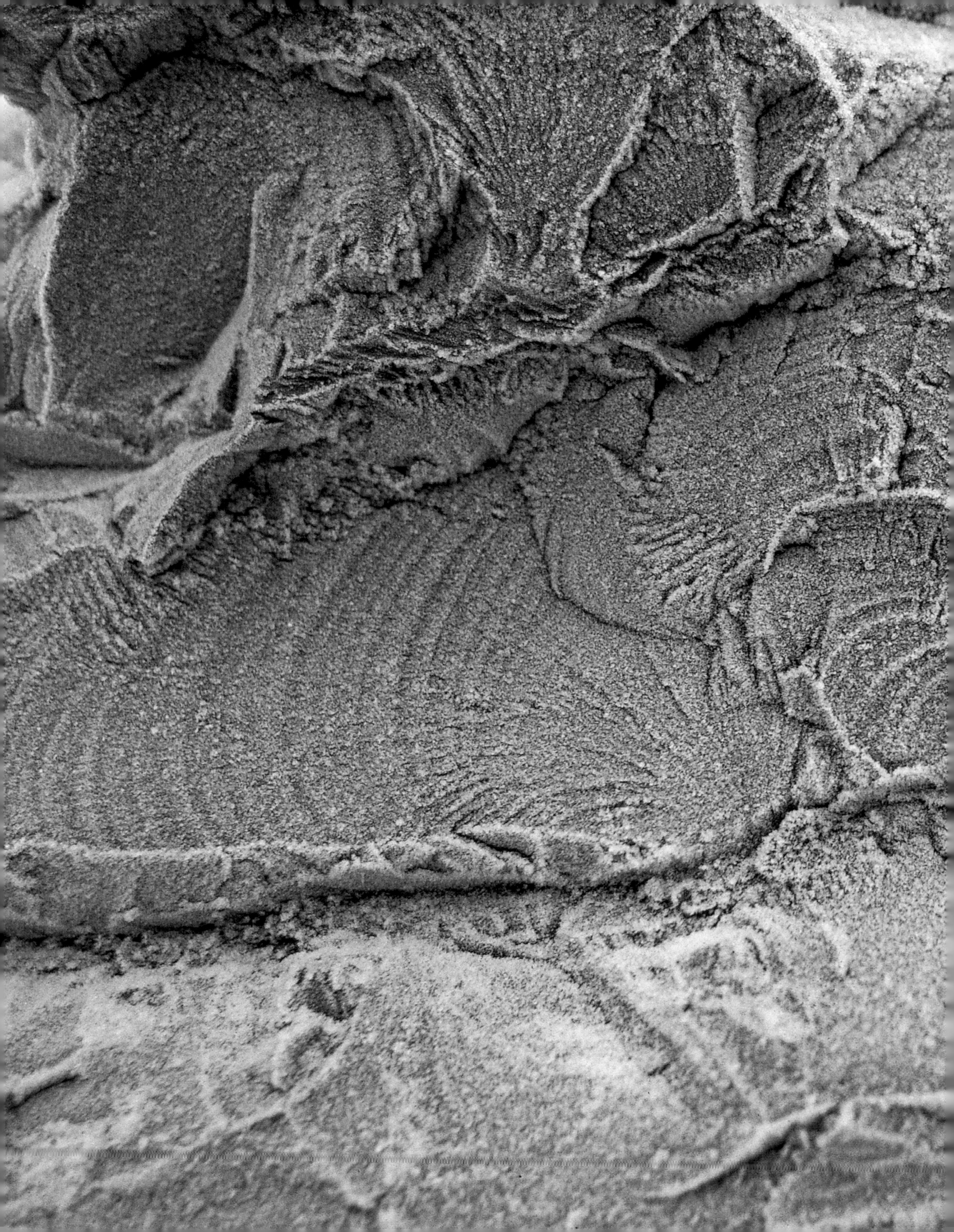

*Dernier briefing : le bloc est enfin désolidarisé du permafrost et repose sur son berceau de poutrelles métalliques. Bernard Buigues s'adresse à ses équipiers russes : Boris, Vladimir, Nicolaï, Fiodor, et, debout au second plan, Gamet et Dimitri.*

*DOUBLE PAGE PRÉCÉDENTE :*
*Le permafrost : sous ces latitudes, la terre est gelée sur 400 mètres de profondeur.*

# faire voler le mammouth

Faire voler ce mammouth pour le ramener à Khatanga, c'est donner sa dimension de rêve à cette expédition. C'est une image que j'ai dans la tête depuis le début. C'est elle qui m'a donné l'énergie dont j'ai eu besoin tout au long du programme. D'autres solutions existent, peut-être plus raisonnables, mais je n'ai jamais voulu sérieusement les étudier. Comme pour m'obliger à réaliser ce rêve fou.

Aujourd'hui, dimanche 17 octobre 1999, tout est prêt. Tout va même trop bien. Le châssis métallique est déjà fixé sous Jarkov. Le gros hélicoptère MI 26 a parcouru deux mille trois cents kilomètres et nous attend à Khatanga, prêt à intervenir. L'équipage, contre toute attente, est enthousiasmé par la tâche. « Si ton mammouth ne fait pas plus de dix-huit tonnes, m'a dit Oleg, le commandant de bord, on te le sort sans problème. C'est la première fois que nous tentons une opération de ce type, mais nous avons tout étudié. »

Ce matin il fait exceptionnellement très beau. Après dix jours de mauvais temps, cela pourrait même être interprété comme un signe du ciel. Mais il y a un mais. Et de taille ! Il n'y a plus de kérosène à Khatanga depuis trois mois. J'ai achevé mes réserves. Le pétrolier qui doit ravitailler la ville est bloqué par la glace cinq cents kilomètres plus au nord. Il ne reste qu'une possibilité : utiliser le kérosène de secours de la ville prévu pour les situations d'urgence. Je me suis engagé à le rendre par avion ravitailleur dès que possible. A priori, même si tout cela est compliqué, c'est réalisable, mais Vladimir Ovchinnikov, le chef de l'aviation civile de Khatanga qui doit donner le feu vert, est introuvable. Personne n'est capable de me dire où il est. J'erre entre son bureau, sa maison, le bureau du maire. En vain. Il est déjà 10 heures du matin, le soleil se couche à 15 h 50, je n'ai pas le choix. Il faut que je le trouve. Vite. Quitte à risquer de l'irriter en le réclamant partout. Quitte à interrompre une réunion. Ce que je fais, oubliant toute politesse.

« Alors, comme ça, l'homme du mammouth me cherche ! s'exclame Vladimir, enfin localisé. J'ai des choses plus importantes à voir d'abord. Je m'occuperai de cette histoire dans une heure. » Quand un Russe veut montrer qu'il est le chef, mieux vaut se taire, et laisser passer l'orage. Il est passé. Et l'hélico a fait le plein de kérosène.

*Le MI 26 russe, l'hélicoptère civil le plus gros du monde, est arrivé. L'équipe technique pose les élingues d'acier qui devraient permettre de soulever ce bloc de plus de vingt tonnes.*

## Jarkov arraché à la toundra

Je n'ai pu prévenir le camp qu'une heure avant le départ. « On y va, on transporte le Jarkov aujourd'hui ou tout est repoussé de six mois. Il faut impérativement démonter les tentes et protéger le matériel. »
En effet, le MI 26 va tout emporter sur son passage, il engendre un vent de plus de 200 km/h, c'est un véritable ouragan. Cela fait plus de cinq interminables minutes que l'hélicoptère est immobilisé à vingt mètres du sol. Je ne comprends pas ce qui se passe. Le vacarme infernal et ce souffle terrible m'empêchent de réfléchir. Constantin, le technicien au sol en liaison radio avec Oleg, le commandant de bord, me hurle à l'oreille : « Il fait vingt-trois tonnes, ton mammouth ! On n'arrivera pas à le sortir. » Vingt-trois tonnes ! Les calculs que nous avons faits avec Christian nous en donnaient dix-neuf. Comment avons-nous pu commettre une telle erreur ?
J'envisage soudain les nombreuses complications et les surcoûts que cela implique. Constantin se rapproche à nouveau de moi : « Ils essaient encore une fois. » Je commence à parler au Jarkov comme à un enfant : « Laisse-toi faire, n'aie pas peur, ça va aller. » Heureusement, personne ne m'entend ! Je suis prêt à promettre n'importe quoi pour qu'au moins on le sorte du trou, pour franchir une étape. Soudain l'hélicoptère change d'orientation, je suis balayé par le souffle, la neige en suspension dans l'air m'étouffe et m'empêche de voir quoi que ce soit. Je me relève. Tout va bien, a priori rien de cassé. Mais c'est le mammouth qui compte. Pourvu qu'Oleg n'aille pas trop loin. Je ne veux pas avoir la responsabilité d'un crash : treize hommes d'équipage se trouvent dans l'hélicoptère. Mais pourvu quand même qu'il aille assez loin. Juste assez. Qu'il essaie à la limite du possible. S'il te plaît, Oleg, encore un effort...
La neige retombe petit à petit. C'est incroyable, Jarkov est à deux mètres au-dessus du sol, ils sont en train de réussir ! Et puis non, Constantin vient me dire que l'hélicoptère ne peut pas voler. Que doit-il faire du mammouth ? J'essaie de lui expliquer qu'il faut le poser à côté du trou et surtout pas dedans. Il ne comprend pas bien, on ne s'entend pas dans ce vacarme. Brusquement, le MI 26 plonge vers le ravin. De nouveau nous voilà aveuglés et balayés par le souffle. Je crains la catastrophe, mais l'hélicoptère ressort du nuage de neige. Les filins sont tendus à se rompre, mais ils tiennent bon. Comme un haltérophile, dans un dernier effort, l'hélicoptère a arraché l'animal qui sort à son tour du nuage de glace. Une histoire de fou ! Alors que je n'y croyais plus, voilà notre mammouth qui s'envole dans le soleil couchant au-dessus de cette toundra qui l'a retenu emprisonné pendant plus de vingt mille ans. Il est à présent en route pour Khatanga.

*Après huit interminables minutes, l'hélicoptère finit par arracher Jarkov à sa dernière sépulture. Le bloc décolle et s'envole vers la cave laboratoire de Khatanga.*

*Vu de la trappe, l'hélicoptère MI 26 tente de dégager le bloc qui contient Jarkov.*

DOUBLE PAGE SUIVANTE :
*250 km séparent le site de Bolshaya Balakhnya et la ville de Khatanga. Jarkov survole une dernière fois ses pâtures et ses prairies d'antan.*

RA-06025

Тюмень АВИА Транс

# les petits secrets de l'expédition

Monter des camps dans la toundra ou même au pôle Nord n'est, en fait, pas si difficile. Une question de logistique pure. Organiser une série d'expéditions en Sibérie autour du mammouth ressemble davantage à une course d'obstacles aux multiples implications. Depuis qu'en 1906 un Français, le comte Alexandre de Stenbock-Fermor, a « expatrié », sans autorisation, un mammouth trouvé dans les îles Liakov, les autorités russes sont devenues extrêmement protectionnistes au point de faire voter en 1912 un oukase interdisant toute sortie du territoire. De plus, dans les années soixante-dix s'est constitué un comité Mammouth qui contrôle toutes les recherches sur le sujet. Le résultat ne s'est pas fait attendre. Lorsqu'un trappeur, un géologue ou un Dolgan trouve un squelette, ou plus rarement une carcasse, il se garde bien d'en informer la communauté scientifique. Il sait qu'avec un peu de chance celle-ci lui offrira au mieux une montre en toc comme gratification, mais surtout qu'elle va lui faire perdre un temps fou en paperasserie. Pour simplifier les choses, la péninsule de Taymir correspond à une réserve naturelle gérée par un organisme, lui aussi censé contrôler et développer l'activité scientifique, mais qui s'occupe en réalité de commerce de poisson et de viande de renne. Je le soupçonne même d'alimenter le trafic d'ivoire de mammouth. J'ai failli, à plusieurs reprises, franchir un point de non-retour dans ce dédale de permissions, de hiérarchies, d'habitudes et d'intérêts particuliers des uns et des autres. Par chance je ne parle pas assez bien le russe et donc, souvent, je vais au plus simple, ce qui prend tout le monde à contre-pied. Mes relations avec Vladimir Ovchinnikov, le chef de l'aviation civile, et Nicolaï Faukin, le gouverneur, sont un autre atout. Avec leur concours j'organise chaque année au départ de Khatanga des expéditions au pôle Nord. Cela encourage l'activité économique mais permet surtout de maintenir dans le domaine polaire un savoir-faire perdu dans le reste de la Russie. Sans la confiance qui s'est établie entre nous au fil des ans, je serais sans doute aujourd'hui encore en train de négocier d'improbables autorisations.

*Sur le tarmac de l'aéroport de Khatanga, le mammouth est présenté par Bernard Buigues aux autorités locales, le gouverneur Nicolaï Faukin et Vladimir Ovchinnikov.*

DOUBLE PAGE PRÉCÉDENTE :
*C'est dans le couchant que Jarkov le mammouth vole vers de nouvelles aventures.*

*Soulevé à l'aide d'une grue et tiré par une dizaine de personnes, Jarkov quitte le tarmac de l'aéroport pour sa destination finale : la cave-musée de Khatanga.*

DOUBLE PAGE PRÉCÉDENTE :
*Le bloc atterrit sur le sol de l'aéroport de Khatanga. Bernard Buigues constate que Jarkov a bien résisté au vol.*

*Enfin le repos pour Jarkov installé dans sa nouvelle demeure.*

*DOUBLE PAGE PRÉCÉDENTE :*
*C'est à l'aide d'un Caterpillar que Jarkov parcourt les deux derniers kilomètres qui le séparent de sa cave-laboratoire de Khatanga.*

# KHATANGA

Par quels mécanismes son corps a-t-il pu être conservé si longtemps (depuis plus de vingt mille ans !), de quoi est-il mort, étudier ses parasites, ses points faibles et les éventuelles conséquences de telle ou telle variation… Jarkov intéresse de nombreuses disciplines scientifiques : la paléontologie, l'archéologie, la géologie (prélèvements et observations taphonomiques), la zoologie, la biologie moléculaire (ADN, immunologie), la datation (carbone 14 et dondrochronologie), la palynologie, l'étude des virus et la toxicologie principalement, mais pas seulement. Certains rêvent également de récupérer son patrimoine génétique et de tenter un clonage grâce aux nouvelles technologies. Je suis sûr que les préhistoriens auront eux aussi leur mot à dire. Mais, pour donner à tous la possibilité d'étudier Jarkov, il faut d'abord le préserver, le conserver, le traiter en quelque sorte comme un gigantesque « surgelé » de luxe, bref préserver la chaîne du froid. Depuis le début de l'opération c'est devenu une obsession.

Même si le programme scientifique n'a pas réellement commencé, nous avons pris des précautions à tous les stades. Nous avons effectué des prélèvements de sédiments tout au long de l'excavation. Nous avons prélevé des échantillons sur Jarkov en prenant soin de ne pas le polluer. Et nous avons abondamment désinfecté la cave dans laquelle il sera examiné. En effet, il nous est apparu que le meilleur moyen de conserver Jarkov à l'abri tout en le mettant à la disposition des chercheurs qui souhaitent l'étudier dans les meilleures conditions possible est de l'installer à - 15 °C dans des caves creusées dans le permafrost sous le village de Khatanga.

La cave de Jarkov a été soigneusement choisie et préparée. Nous y avons apporté l'électricité et un équipement minimal de travail. À présent, elle attend son locataire. Comment allons-nous tracter notre masse de vingt-trois tonnes dans cette grotte étroite et souterraine ? Auparavant, comment allons-nous le déplacer du parking de l'aéroport à l'entrée de la cave ? Deux kilomètres restent encore à parcourir, mais je ne dispose plus d'hélicoptère et il ne reste plus beaucoup de temps avant que l'été polaire ne vienne anéantir toutes nos précautions. Le long hiver polaire m'a laissé du répit, mais à présent le temps joue contre moi. Les trois essais précédents se sont soldés par des échecs : le premier parce qu'au dernier moment le responsable des caves s'est aperçu qu'il lui faudrait un certificat sanitaire effectué par un laboratoire russe avant de laisser entrer l'animal. Le deuxième à cause du mauvais temps. Et le troisième à cause d'une quantité faramineuse de neige accumulée tout le long du trajet et à l'entrée de la cave. Heureusement, une fois de plus, Anatoly va trouver la solution. Il mérite bien son surnom de « Niet problem ». Une ancienne grue qu'il faut réparer et un chariot porte-conteneur devraient faire l'affaire. Une semaine pour récupérer le matériel et le remettre en état de marche, une autre pour convaincre les machinistes de se lancer dans l'opération… Jamais je n'aurais pensé que ce serait si laborieux. Parvenir à mettre Jarkov à l'abri reste la partie la plus délicate. Comment le faire entrer dans la cave ? Bien sûr il va falloir démonter les trois portes, mais après ? Traîner vingt-trois tonnes, ce n'est pas une mince affaire. Pas moyen de faire passer un tracteur, ni de trouver un treuil capable de le tirer. Alors ? Le réveiller, propose Boris, et l'attirer avec de la nourriture, il n'a pas mangé depuis vingt mille trois cent quatre-vingts ans, il doit avoir faim ! Cette idée me plaît beaucoup, mais j'y renonce par égard pour notre comité scientifique.

Me voilà aussi angoissé qu'au moment du transport en hélicoptère. Le mammouth est maintenant devant la cave, il a fallu plus d'une demi-journée pour lui faire parcourir deux kilomètres, je suis aussi épuisé et énervé que si j'avais eu à le transporter sur le dos. Je rentre à la maison pour réfléchir au calme en espérant que les Russes trouveront une solution tout seuls. Victoire ! Quand je reviens quelques heures plus tard, le mammouth a disparu. Devant la cave, un gros Caterpillar tire péniblement sur un câble qui, par un système compliqué de renvois et de poulies, tracte le mammouth dans la bonne direction. « Ça marche », me dit Anatoly, visiblement fier de sa trouvaille. Effectivement, dix centimètres par dix centimètres, Jarkov avance vers sa destination. Il ne reste plus qu'à croiser les doigts : si les câbles venaient à lâcher, ils pourraient tuer quelqu'un… Décidément, pour respecter la chaîne du froid, nous aurons souvent pris des risques inconsidérés.

DOUBLE PAGE PRÉCÉDENTE :
*Pour éviter tout risque de contamination, les scientifiques effectuent leurs premiers prélèvements revêtus de tenues aseptisées.*

*Avant le transport à Khatanga, les premiers échantillons de tissus sont prélevés à l'intérieur de la gencive du mammouth et conservés congelés jusqu'à leur acheminement dans les laboratoires de recherche.*

DOUBLE PAGE SUIVANTE :
*De la peau et des poils sont prélevés pour analyser parasites, pollens, sédiments…*

# Jarkov et les scientifiques

## Yves Coppens en France

Poussé par le besoin de trouver une caution scientifique au programme, j'avais risqué un courrier au professeur Yves Coppens. Ayant remonté le squelette du mammouth qui s'était « échappé » illégalement de Sibérie au début du siècle et qui attendait depuis plus de cinquante ans dans les caisses du sous-sol du Muséum national d'histoire naturelle, il me semblait l'homme de la situation. Je me disais qu'il ne pouvait pas rester insensible à mon histoire et que peut-être même il m'accorderait un parrainage. En même temps je redoutais de recevoir une réponse toute faite du style : « C'est une excellente idée, mais je suis très occupé pour le moment. Je vous souhaite néanmoins tout le succès… » Sa réaction, complètement à l'opposé de celle que je craignais, m'a donné l'énergie et l'assurance dont j'avais besoin pour affronter la communauté scientifique. De plus, dès nos premières rencontres, j'ai l'immense satisfaction de constater que nous nous accordons sur toutes les priorités à respecter : ne pas interrompre la chaîne du froid, prendre autant de précautions pour protéger l'environnement immédiat du mammouth que pour l'animal lui-même, et enfin, au-delà de ce spécimen, chercher à comprendre ce qui s'est passé à la fin de la période glaciaire. Nous partageons même un autre rêve : élargir les recherches dans le secteur et trouver un homme préhistorique, comme Jarkov, qui aurait été préservé intact dans la glace… C'est la première fois depuis bien longtemps que je m'adresse à un éminent scientifique. Celui-là, quand il m'explique quelque chose, je comprends, il me rend intelligent. Quel dommage de ne pas l'avoir connu plus tôt ! Mais je sais que notre amitié naissante me fera gagner du temps.

## Dick Mol aux Pays-Bas

Quelques semaines plus tard, Dick Mol m'accueille à Schiphol, l'aéroport d'Amsterdam, un peu gêné : « Bonjour, docteur Buigues. » Il me dit qu'il a cherché en vain mon nom dans l'annuaire des scientifiques. Il est vrai que trois jours plus tôt, au téléphone, je lui avais raconté mon histoire de mammouth dans tous les détails sans m'étendre sur mon curriculum vitae. Je le rassure, et lui annonce que non seulement je ne suis pas docteur mais qu'en plus je ne suis pas scientifique, histoire de mettre ses nerfs à l'épreuve. Au bout de deux heures de discussion, il est prêt à tout laisser tomber, ses vacances, ses rendez-vous, pour me suivre en Sibérie sur-le-champ. Son enthousiasme, sa passion et sa générosité sans limites vis-à-vis du mammouth me touchent énormément. Je suis convaincu que je viens de rencontrer non seulement un spécialiste hors pair mais aussi un nouvel ami.

## Larry Agenbroad aux États-Unis

Dick Mol me convainc de rendre visite à l'un de ses amis, un géologue américain de renommée internationale qui a lui aussi beaucoup travaillé sur les mammouths. Nous allons donc rencontrer le docteur Larry Agenbroad à Hot Springs, dans le Dakota du Sud. Je découvre un homme sympathique, qui ne parle pas beaucoup mais connaît très bien son sujet. Il nous fait visiter le site qu'il a créé, l'un des rares endroits au monde en dehors de quelques coins de Sibérie où pousse en abondance l'herbe à mammouth. Elle est aujourd'hui broutée par des bisons d'élevage. Le paysage que j'ai sous les yeux n'a pas fondamentalement changé depuis douze mille ans. C'est très spectaculaire. Très vite, Larry Agenbroad est emballé par mon projet. Depuis des années, il travaille sur les ossements de mammouth. Aussi, lorsque je lui raconte que j'ai trouvé des poils en grande quantité et que j'ai senti l'odeur du mammouth, une odeur qui remonte à vingt mille trois cents ans, il écarquille les yeux. Sans se faire prier, il accepte de se joindre au comité scientifique que j'ai constitué et promet de venir m'aider au moment de la sortie du mammouth, si sortie il y a.

## Le professeur Vereschagin en Russie

Sur le chemin du retour de Khatanga, je m'arrête à Saint-Pétersbourg. Il me paraît important de rendre visite au professeur Vereschagin. À quatre-vingt-onze ans, ce spécialiste incontournable du mammouth est toujours en activité. Et, surtout, il a été le témoin de toute l'histoire du communisme en Russie. Grâce à Jarkov, j'entrevois l'occasion unique de discuter avec lui de cette période. Il s'en rend d'ailleurs compte très vite au cours de nos entretiens, m'interrompant pour me demander si c'est le mammouth ou l'histoire de la Russie qui m'intéresse… En tout cas pour lui, pas de doute : ce qui le passionne, ce qui lui donne l'énergie d'un jeune homme, c'est le mammouth, pas la politique. Enthousiaste, il accepte de me rejoindre à Khatanga en août prochain, quand les moustiques seront moins agressifs. Il me montrera ce que les mammouths mangeaient, de même qu'un site qui lui a été indiqué par le directeur du musée de Dudinka. Et moi, je l'amènerai sur celui de Jarkov. Échange de bons procédés, dit-il. Mais je sais bien que je suis gagnant dans cet échange-là.

МАМОНТА

*Le professeur Vereschagin et le mammouth Dima au musée de Saint-Pétersbourg.*

*CI-DESSUS :*
*Dick Mol et Bernard Buigues devant l'étonnante mâchoire du mammouth.*

*DOUBLE PAGE SUIVANTE :*
*Avant que Jarkov soit installé définitivement dans la cave-laboratoire, Bernard Buigues procède à un relevé topographique des défenses sur le site.*

*Du bloc de permafrost apparaissent les poils qui vont être analysés par les chercheurs.*

# HISTOIRE

Plus connu sous le nom de mammouth laineux, *Mammuthus primigenius* est le dernier représentant des lointains cousins de l'éléphant, et celui que les artistes de la préhistoire à nos jours ont le plus reproduit. Petit (sa taille ne dépassait pas celle de l'éléphant d'Asie), il est néanmoins fascinant car parfaitement adapté aux conséquences du refroidissement climatique grâce à sa fourrure fournie constituée de deux couches isolantes, son épaisse couche de graisse, sa queue et ses oreilles minuscules pour éliminer tout risque de gelure. Il engloutissait 180 kilos de fourrage par jour et vivait dans un milieu riche, sans arbres mais à la végétation drue ressemblant à nos toundras actuelles. Originaire de Sibérie, il a élargi son territoire jusqu'en Europe, comme son ancêtre le mammouth des steppes qu'il a fini par remplacer. Parallèlement, il y a cent mille ans, plusieurs groupes de mammouths laineux traversaient le détroit de Béring alors à sec pour gagner le nouveau continent. En Amérique, il côtoyait son cousin columbi. Puis, malgré sa formidable faculté d'adaptation, il a disparu. Les derniers spécimens se sont éteints il y a à peine quatre mille ans dans l'île arctique de Wrangel, en Alaska. Nettement après Jarkov, donc.

## Mammouths en Sibérie, un peu d'histoire...

En 1799, le naturaliste allemand Blumenbach nomme primigenius l'espèce fossile dont de nombreux ossements ont été mis au jour dans l'immense toundra sibérienne. La même année, un chasseur toungouze met au jour une énorme carcasse de mammouth laineux sur les bords de la Léna. Sept ans plus tard, le botaniste russe Mikhaïl Adams rachète les défenses au chasseur, et expédie le tout au musée de Saint-Pétersbourg, où, pour la première fois, un squelette de mammouth est reconstitué. Dorénavant, les chercheurs du monde entier disposent d'un spécimen d'étude et de comparaison et se mettent à rêver d'un exemplaire bien conservé par le sol perpétuellement gelé. L'Académie des sciences offre une prime à qui fera une telle découverte, mais chaque fois qu'une occasion se présente, les savants arrivent trop tard sur les lieux : la carcasse, victime de l'appétit des loups ou de la convoitise des indigènes, ne présente plus qu'un intérêt limité. En 1900, un autre chasseur

# il était une fois la famille de Jarkov

découvre une carcasse fraîchement mise au jour par une crue de la rivière Beresovka. Une vaste opération de récupération est entreprise pour ramener les trois tonnes du cadavre. Disséqué, emballé et transporté sur plus de cinq mille kilomètres en charrette, bateau puis wagon frigorifique, le mammouth est naturalisé dans la position exacte où il a été trouvé. À ce jour, une dizaine de carcasses de mammouths ont été découvertes. Grâce à elles, cet animal mythique est la mieux connue de toutes les espèces fossiles. L'analyse du contenu de leur estomac, entre autres, nous a permis de reconstituer leur régime alimentaire ; la paléontologie et la géomorphologie nous ont renseignés sur le cadre écologique dans lequel ils prospéraient. Aujourd'hui, grâce à Jarkov, on peut légitimement espérer écrire une nouvelle page de l'histoire des mammouths laineux.

## ... et aussi quelques histoires

Igor Tchernich, géographe russe, a recueilli plusieurs témoignages de Sibériens affirmant avoir vu des mammouths vivants. Ainsi, avant la révolution, les habitants d'un village auraient été obligés de fuir devant un troupeau détruisant tout sur son passage. En 1944, plusieurs pilotes en route entre l'Alaska et Moscou auraient survolé quelques mammouths marchant les uns derrière les autres dans la neige. En 1956, l'institutrice d'un petit village de la région de Taz aurait été approchée à une dizaine de mètres par un mammouth solitaire alors qu'elle ramassait des champignons. À cette distance, avec quel animal aurait-elle pu le confondre ? En 1962, un chasseur aurait vu des traces de mammouths... Bref, intrigué par ces témoignages, Igor Tchernich s'est lancé, en 1975, dans une expédition de recherches le long de la rivière Taz, entre Krasnoïarsk et Verktinibask. Aucun indice ne permet de valider les témoignages passés, et pourtant, en 1989, un nouveau chasseur rapporte avoir vu deux groupes de trois mammouths. Il refuse de montrer les lieux à Tchernich, mais dessine ce qu'il a vu et cela ressemble bien à un mammouth. Alors, vrai ou faux ? Je ne jurerais de rien. J'ai simplement le regret de ne pas avoir pu l'interroger moi-même. En tout cas, le mammouth hante encore les esprits sibériens. Et le mien.

*DOUBLE PAGE SUIVANTE :*
*Le professeur Yves Coppens et le mammouth des Îles de Liakov au Muséum d'histoire naturelle de Paris.*

86

# ROUFFIGNAC

Située sous le plateau de Légal en Dordogne, la grotte de Rouffignac forme l'un des plus vastes réseaux souterrains du Périgord. On lui connaît huit kilomètres de galeries, mais un seul accès, à flanc de plateau. La grotte est connue depuis longtemps. Elle est décrite pour la première fois en 1575 par François de Belleforest. En 1759, un premier plan des galeries est dressé par Gabriel Bouquier. Mais c'est seulement le 26 juin 1956 que Romain Robert et Louis-René Nougier, invités par les propriétaires de la grotte, Charles et Louis Plassard, découvrent deux mammouths sur une paroi. Un rapide inventaire permet d'en localiser une centaine. La nouvelle fait grand bruit. La polémique enfle. Comment avait-on pu ne rien voir avant ? Et si c'était un canular, un faux ? Une visite pluridisciplinaire et internationale est donc organisée, et la grande majorité des spécialistes confirme l'authenticité des gravures et des dessins, les datant d'entre quatorze et treize mille ans avant Jésus-Christ.

## Mammouths et rhinocéros laineux règnent à Rouffignac

Nulle part ailleurs au monde on n'a découvert autant de gravures et de dessins de mammouths du paléolithique. En fait, presque la moitié des représentations de toute la planète est réunie ici, sur de longues frises. Et pourtant, dans ce Périgord qui compte quinze grottes à mammouths, on trouve paradoxalement peu d'ossements de ces animaux. Il semble donc que nos ancêtres ne les chassaient pas, mais les regardaient paître dans les vallons environnants avant de descendre dans de sombres et profondes galeries pour exprimer et traduire leurs croyances et leurs préoccupations spirituelles sur les parois et plafonds plats. S'agissait-il d'un particularisme local et momentané (le style est remarquablement homogène), nous n'en savons rien, c'est vrai, mais il semble bien que la Dordogne ait connu avec les mammouths une empathie toute particulière. Alors, bien sûr, l'idée d'un jumelage entre Rouffignac et Khatanga s'est imposée d'elle-même, avec émotion.

# HOT SPRINGS sanctuaires de mammouths

Découvert en 1974, le site de Hot Springs dans le Dakota du Sud regroupe une accumulation exceptionnelle de squelettes de mammouths colombiens (*Mammuthus colombi*) qui ont péri dans un puits hydrogéologique. Ce puits s'est formé il y a plus de vingt-six mille ans lors de l'effondrement du sol situé au-dessus d'une caverne souterraine. C'est probablement cet effondrement qui a causé la mort des premiers animaux trouvés tout au fond, et qui ont dû être emportés avant de mourir brisés ou écrasés à 25 mètres de profondeur sur une zone elliptique de 30 x 50 mètres. Mais le site de Hot Springs est intéressant à un autre titre. Au-dessus de cette première stratification de mammouths accidentés, il y en a d'autres. Des squelettes d'animaux morts plus tard, même plusieurs centaines d'années plus tard, victimes de cette damnée et éternelle idée selon laquelle « ailleurs l'herbe est plus verte ».

## Condamnés à mort pour gourmandise

En effet, au fond de ce puits s'était créé un lac alimenté par une source artésienne chaude (35 °C). Ce lac abrité s'était rapidement entouré d'une végétation luxuriante et sans doute appétissante. En tout cas assez pour que tous les cinq à dix ans et pendant plusieurs siècles (probablement entre trois cent cinquante et sept cents ans) un mammouth plus aventureux que les autres tente de descendre les parois escarpées du puits avant de se rendre compte qu'il était impossible de remonter. Plus de cinquante (surtout des jeunes mâles… ah, si jeunesse savait !) ont déjà été mis au jour alors que le site n'est encore exploré qu'à environ 40 %. En 1985 on a ouvert un bâtiment où sont exposés les ossements. Puis un musée, des laboratoires, un amphithéâtre, des salles de classe et une bibliothèque ont été créés par la suite. L'ensemble est dirigé depuis le début de l'aventure (en 1974) par Larry Agenbroad, professeur de géologie à l'université de Flagstaff, Arizona, et directeur du Programme d'études quaternaires.

*Gravure rupestre dans la grotte de Rouffignac en Dordogne.*

# DANS LA TOUNDRA LA VIE CONTINUE...

Aujourd'hui, Jarkov est à l'abri, protégé dans sa cave de Khatanga. Il a été arraché à cet amas glaciaire qui fut sa sépulture pendant plus de vingt mille ans. Dans les semaines et les mois qui viennent, ces caves vont être aménagées en laboratoire pour permettre aux scientifiques du monde entier de venir l'étudier avec tous les moyens technologiques disponibles en ce début de troisième millénaire. Je ne sais plus trop quoi penser. Est-ce que l'aventure finit ou est-ce qu'elle commence ? J'oscille entre l'envie de repartir vers de nouveaux horizons toujours exaltants et celle d'apprendre la patience et d'attendre les résultats des études que les chercheurs vont mener sur Jarkov. Que va-t-il devenir, que va-t-on lui faire, que va-t-il nous apprendre, quels secrets, quels détails ? Je me sens inévitablement un peu propriétaire de « notre » mammouth, mais bien sûr je m'interdis ce sentiment. Je le chasse de mon esprit, il revient dans mon cœur.

Bien avant que la communauté scientifique ne s'intéresse à lui, j'avais entrepris de faire de Jarkov un symbole de rapprochement entre le millénaire qui s'achevait et la fin de l'ère glaciaire où les hommes de la préhistoire ont jeté les bases du futur développement de l'humanité. Mais je souhaitais aussi l'utiliser pour relier par-delà les frontières géographiques toutes les cultures du monde qui ont été un jour en contact avec le mammouth. C'est d'ailleurs pour cette raison que nous avons choisi de baptiser Mammuthus l'ensemble du programme : ce nom se comprend en russe, en anglais et dans toutes les langues du bassin méditerranéen. Sur ces points, mon souhait est en train de se réaliser : Rouffignac et Khatanga sont jumelées. Bientôt leur collaboration s'étendra à Hot Springs, et je sais que cette chaîne ne cessera de s'étendre parce que les scientifiques que j'ai appris à connaître ont la volonté de partager leurs passions pour aller jusqu'au bout de leurs recherches et en apprendre toujours plus.

# il n'y a ni temps ni frontières

Cette aventure restera cependant surtout pour moi une aventure humaine. Ma plus grande fierté aura été d'attirer grâce à Jarkov l'attention sur les Dolgans. Toujours attachés à la mémoire de leur passé, ils subissent pourtant de plein fouet la crise économique venue d'un monde qui n'est pas le leur. Aujourd'hui, il n'y a plus de sovkhozes pour acheter la production de rennes, de poissons et de peaux dont la surabondance a fait s'effondrer les cours… Alors, souvent, ces nomades sont réduits à assurer leur survie et à lutter jour après jour contre la tentation de la facilité et de la sédentarisation. Mais ils sont aussi, sans s'en rendre compte, en train de réaliser une expérience unique au monde. Leurs traditions, leur adaptation à l'environnement, leur mode de vie sans égal font de cette poignée d'hommes, de femmes et d'enfants disséminés dans un territoire plus grand que la France les derniers et les seuls dépositaires d'un savoir particulier sur le monde polaire. Je ne sais pas si je tirerais vraiment tous les enseignements des mois que j'ai passés près d'eux à les regarder vivre, mais je sais que nous ne pourrons pas dire, s'ils étaient appelés à disparaître dans quelques années, que nous ne savions pas et que nous ne pouvions rien faire.

## Et cela, grâce à Mammuthus

Les faire connaître, faire reconnaître leur identité au-delà des limites de leur péninsule de glace, je leur devais bien ça. Au moins. Car ce sont eux qui m'ont mené à Jarkov, ce sont eux qui m'ont montré comment vivre dans un balok tiré par des rennes, eux encore qui m'ont initié à de nouvelles valeurs. Mais, par-dessus tout, ce sont eux, mes amis dolgans, si loin de moi aujourd'hui, qui ont accepté de partager avec moi un des secrets les mieux gardés de la planète : ils m'ont appris à voir la beauté de la toundra, là où, avant eux, je ne voyais rien.

*De nombreux mammouths sont encore enfouis dans le sol gelé de la toundra sur lequel les Dolgans se déplacent aujourd'hui à l'image de leurs ancêtres.*

DOUBLE PAGE SUIVANTE :
*Par les nuits froides, somptueux spectacles de ces régions extrêmes : les aurores boréales.*

Les Éditions Robert Laffont publient également
*Sur la Piste du Mammouth*, de Bernard Buigues
en collaboration avec Jean-Charles Deniau,
le récit complet de l'aventure Jarkov.

CRÉDITS PHOTOS

Francis Latreille/Cerpolex
sauf :
p.142 : Philippe Cabaret
p.144-145 : François Sicard
p.182-183 : Jean Plassard

Toutes les photographies de ce livre
ont été réalisées sur films FUJI.

MERCI À

L'ADMINISTRATION DE LA VILLE DE KHATANGA
Nicolaï A. Faukin

L'AVIATION CIVILE DE LA VILLE DE KHATANGA
Vladimir Y. Ovchinnikov

LA RÉSERVE NATURELLE DU TAYMIR

CERCLE POLAIRE EXPÉDITION

Arthur Chilingarov
State Duma, Moscou

Et à
Larry Agenbroad, Yves Andreys, Anatoly Androsov, Agnès B, Sophie Becherel, Catherine Bonifassi, Étienne Bourgois, Yuri Burlakov, Philippe Cabaret, François Chaigneau, Valéry Chevelkine, Céline Chiflet, Yves Coppens, Isabelle Darrigrand, Françoise Delivet, Christian de Marliave, Vladimir Dergach, Sylvie Duboué, Vladimir et Dima Eisner, François Bergez, Laurence Etchevers, Gilles Pacaud, Gérard Faure, Guennadi, Olga, Gavril et Piotr Jarkov, Fiodor Kozlov, Nicole Lattès, Sacha Lazarev, Boris Lebedev, Gamed Mamed, Nicolas Mingasson, Dick Mol, Vladimir Ovchinnikov, Marylène Patou-Mathis, Stéphane Péan, Jean Plassard, Gérard Rancinan, Brigitte Sabard, François Sicard, Alexei Tikhonov, Nicolaï Vedianin, Nicolaï Vereschagin, Garry Waller, Per Wikström, Vladimir Yurchenko, Zurab Khutisiashvili.

www.mammuthus.org

RÉALISATION

CASSI EDITION

Photogravure : Nord Compo

ISBN : 2-221-09262-7
Dépôt légal : octobre 2000
N° éditeur : 40988-01

Achevé d'imprimer en septembre 2000
par Clerc S. A.
N° d'imprimeur : 7357